www.tredition.de

AF196228

Durch Zeit wird Liebe, Hoffnung, Sein vernetzt -
solch Netzwerk schenkt uns sanft Geborgenheit.
Da ist viel mehr, als nur das Hier und Jetzt -
wie schön streckt sich das Netz gen Ewigkeit!

Norbert Rahn

Geborgen im Netz der Zeit

Aktuelle Gedanken in antikem Rhythmus

© 2019 Norbert Rahn
Umschlag, Illustration: Norbert Rahn

Verlag & Druck: tredition GmbH, Halenreie 40-44, 22359 Hamburg

ISBN
Paperback   978-3-7497-3718-5
Hardcover   978-3-7497-3719-2
e-Book   978-3-7497-3720-8

Inhaltsverzeichnis

Von Natur und Sinnen

Wasserfarben

Am morgenblauen Teich, dort schweben die Libellen

wie Stifte schillernd, bunt, vom Schattenspiel verführt.

Des Sonnenstrahles Ziel, die Szene aufzuhellen, -

es wird vom gold'nen Schilf gekonnt perfektioniert.

Der Wasserläufer geht, berührt die blanke Fläche,

die 's Himmelblau und Weiß der Wolken reflektiert.

Die Weide wogt im Grün, als ob sie Hoffnung spräche

zum Fisch, der unter'm Glanz die Stille zelebriert.

Auf grünen Tellern thront die Lotosblüte zart,

malt Harmonie des Sinns mit weicher Farbenpracht

und krönt das sanfte Bild auf sinnlich liebe Art.

So zeichnet die Natur mit ungeheurer Macht.

Der Wasserfall

Bei seinem das Flussbett erreichenden Fall

zerbirst jedes Tröpfchen mit flüsterndem Schall.

Summieren sich Läufe zum stürzenden Schwall,

ertönt in die Weite ein tosender Hall.

Das brausende Wasser, es brodelt und zischt -

wodurch es die Fluten wild schäumend erfrischt.

Im Winde zerstiebt sie, die sprühende Gischt,

wo strahlende Sonne ins Spektrum sich mischt.

Der Anblick gebietet dem Klugen, zu schweigen,

der Macht der Natur leise Demut zu zeigen,

das Haupt in respektvoller Stille zu neigen.

Das Denken verliert sich in wirrem Verzweigen ...

Die Tröpfchen, ihr Schwall sind als Zeichen erdacht:

Die Tugend der Menschheit, sie flösse mit Macht,

wenn Liebe als Schwall würd' im Herzen entfacht.

Wir hätten nicht Armut, nicht Krieg oder Schlacht.

Von Sinnen

Kennt *ihr* den milden Ton, wenn, wie ein Tuch aus Seide,

die Decke weißen Schnees das Laute sanft bezwingt?

Fühlt *ihr* den weichen Samt der Kätzchen an der Weide

am Bächlein, das vor Spaß die Steine überspringt?

Hört *ihr* das helle Grün der Kronen in den Wäldern,

wenn Böen das Geäst mit jähem Hauch beleben?

Seht *ihr* das gold'ne Korn an Halmen auf den Feldern

von bonbon-rotem Mohn an Ackers Rain umgeben?

Will erster Sonnenstrahl den neuen Tag beehren,

sind Vöglein schon dabei, Gesangskunst froh zu proben.

Vergesst nicht den Geschmack der Früchte und der Beeren

zu schätzen und zu Recht in höchstem Ton zu loben!

Spürt *ihr* die sanfte Macht der frischen Meeres-Brise

und schmeckt und riecht das Salz, die Gischt, den Schaum der

See?

Kennt *ihr* den Duft des Heus, der abgemähten Wiese,

Aromen der Natur aus frischem Gras und Klee?

Fünf Sinne hat der Mensch, sie sind für uns ein Segen.

Vereint nennt man sie auch - ganz schlicht und einfach "*Leben*".

Nur *der Natur* gelingt, sie ALLE anzuregen

und *uns* Geborgenheit und neue Kraft zu geben.

Die graue Stadtluft und das frische Meer

Es *war* einmal an einem Sommertage.
Die Menschen in der großen, heißen Stadt
empfanden Sommerhitze schon als Plage.
Die Luft, sie stand - war müde, grau und matt.

Und *so* beschloss die Stadtluft wegzuwehen,
sich gründlich zu erneuern, zu erholen.
Sie musste dringend in den Urlaub gehen,
hat *sich* in Windeseile fortgestohlen.

Ihr Wunsch war, sich so richtig zu erfrischen.
So *war* es dann ihr heiß ersehntes Ziel,
sich *mit* der frischen Meeresluft zu mischen.
Wie *ihr* allein die Vorstellung gefiel!

Der Ozean, er war recht schnell erreicht,
der frische Westwind hatte sie getragen.
Das Leben hier war luftig, fluffig, leicht:
Wie schön war es, den Wellen nachzujagen!

Kurz sah die Luft die Riesenwelle wogen;

als die begann, sich schaumgekrönt zu beugen,

hat – *wutsch!* - sie unsre Luft ins Meer gezogen,

um Milliarden Bläschen zu erzeugen.

Der Druck des Wassers lässt die Bläschen schwingen.

Die Bläschen-Größe ändert die Frequenzen,

so dass die Bläschen platzen oder singen,

um uns das Meeresrauschen zu kredenzen.

Am Ende hat die Luft ihr Ziel erreicht:

Sie durfte Wellen jagen, schwingen, singen.

Sobald sie gurgelnd aus dem Meer entweicht,

weht sie erholt zur Stadt, wird Frische bringen.

Die Krähe

Im Frühsommer lud uns die milde Witterung ein,
Leger durch den grünen, sonnigen Park zu spazieren.
Gewundene Wege aus feinem Schottergestein
Erlaubten ein sinnlich-harmonisches Flanieren.

Umsäumt von Büschen, Rotbuchen, uralten Eichen
So schritten wir still genießend durch Wiesen dahin,
Vorbei an zwei - durch ein Bächlein gespeisten - Teichen.
Welch prächtige Auszeit für Augen, Herz und Sinn!

Bald fanden wir eine Bank, setzten uns nieder;
Wir unterhielten uns über belanglose Dinge
Und käuten Erinnerungen wieder und wieder,
Ganz einfach, damit die Zeit bis zum Essen verginge.

Doch nicht nur wir Menschen ließen uns hier verzücken:
Auch eine Entenmutter genoss die Natur,
Dahinter watschelten tapsig vier ihrer Küken.
Welch niedlicher Anblick - fast wie Sinnlichkeit pur.

Doch *was* ist *das*?
Ein dunkler Schatten. Wächst. Zum schwarzen Fleck.
Sturzflug!
Die Krähe fährt gekonnt die scharfen Krallen aus.
Der Griff, er gilt dem Küken. Schon sind Beide weg!

Wir sprangen auf, doch viel zu spät! Was hier geschah,
War ganz und gar nicht mehr idyllisch, nicht harmonisch,
Ging uns auf einmal sehr ergreifend sichtbar nah!
Vor Ohnmacht, Leid: Der Ente Zischlaut klang dämonisch.

Mein Sohn - acht Jahre alt - er resümierte:
Auch die Natur, ja alles hier auf Erden,
Kann hart und grausam sein und nicht nur Zierde:
Es ist ein Fressen und gefressen werden.

Am nächsten Tag ging ich hinab zum Park
Und sah die Ente, doch nur EIN'S der Küken.
Der Anblick traf mich wirklich bis in's Mark.
Dies Bild konnt' selbst die froh'ste Laune drücken!

Edle Farben

Wenn grauer Winter ist Vergangenheit,
erstrahlt des Regenbogens Farbpalette.
Die Blüten glühen, leuchten um die Wette -
in lupenreinen Farben aufgereiht -
wie Edelsteine funkelnd an der Kette.

Des Krokus Bechers lila Färbung ist
vergleichbar mit dem Ton des Amethyst.

Das Leberblümchen teilt das Blaue mit
dem Carbonat-Stein Namens Azurit.

Sowohl der Lapis, als auch der Saphir
sind *wie* das Veilchen kühle, blaue Zier.

Der Larimar und das Vergissmeinnicht
verstrahlen frühlingshimmelsblaues Licht.

Der Malachit beruhigt die Explosion
der Farben dumpf mit flaschengrünem Ton.

Smaragde spenden hoffnungsvolles Grün
als Hintergrund vor dem die Blüten blüh'n.

Der Sonnenstrahl lässt frisches Blatt der Birken
sanft transparent und grün wie Jade wirken.

Narzissen leuchten gelb mit stolzer Kraft,
wie es das Hellgelb des Citrins nicht schafft.

Im Park steh'n Tulpenbecher stolz parat,
orange gefärbt wie Mandarin-Granat.

Der Rosenquarz steht für das Herz, die Liebe,
wie Heckenröschen an dem dornig' Triebe.

Wie rote Rosen durch den Duft verführen,
darf Wein rubinrot unsern Geist berühren.

Die Form, die Farbe aus dem Blütenstand
wird wie durch Zauber magisch präsentiert,
ist Teil des Seins, das in sich existiert.
Des Steines Glanz entspringt des Menschen Hand,
die mühsam schleift, poliert und facettiert.

Des Frühlings Sinn

Am frühen Frühlingstag - von Sonne wachgeküsst -
verlässt die Müdigkeit mich schnell, zieht mich hinaus.
Von lieblichem Konzert werd' ich sogleich begrüßt,
als *wär's* der Vöglein Ziel, zu haschen nach Applaus.

Im bunten Farbenmeer entspringt der feine Duft,
von Blütenpracht versprüht, von Windes Hauch verteilt.
Die Büsche recken schon Antennen in die Luft
empor zum Firmament, wo heut' kein Wölkchen weilt.

Wen *solch* natürlich' Macht am frühen Tag erreicht,
wem Sinne werden dann ganz sanft vitalisiert,
dem *wird* im Herzen warm; Gedanken werden leicht.
Die Schönheit der Natur hat Hadern wegradiert.

Genau an diesem Punkt vergesse ich jetzt nicht,
dass *ich* zum Sein gehör', ein Teil des Ganzen bin -
und unwillkürlich ziert ein Lächeln mein Gesicht.
Es überrascht mich selbst - wie gerne nehm' ich's hin!

Aus des Dichters Sicht

GEDICHT

Geschmiedet in verse

Erstrahlen die bilder

Durch worte geformt

In fließendem rhythmus

Charisma sprühend

Hinein in die herzen

Taucht dichters schwert

Ein Gedicht? Wozu das denn!

Vor langer Zeit, vor tausenden von Jahren

fiel klugen Köpfen ein, dass es sich lohnt,

Bedeutsames für immer zu bewahren.

So blieben wir vor Schriften nicht verschont.

Doch welcher Dichter hat es denn gewagt

und erstmals schriftlich Poesie verfasst?

Ein Pharao - poetisch sehr begabt -

beschrieb die Gottheit bildhaft im Palast.

Soweit so gut - hier könnte ich nun enden.

Doch einst erschien die Muse, sprach zu mir:

"Lass es allein beim Lesen nicht bewenden,

und bringe Strophen, Verse zu Papier!".

Was fasziniert, was reizt uns an Gedichten?

Nur Lyrik kann mit Worten Szenen malen,

Nuancen der Gedanken neu belichten.

Sogar Banales darf hier Glanz verstrahlen.

Ein feines Werk mit kurzen Strophen, Zeilen

vermag Gefühle - wohl verpackt in Bildern -

dem Leser stark verdichtet mitzuteilen.

Wie viel lässt sich mit wenig Worten schildern!

Der Dichter lässt an sorgenvollen Tagen

beim Schreiben all die Zweifel, Lasten gehen.

Wie durch's Ventil entweichen Denkens Plagen.

Das Blatt wird sich zur Sonnenseite drehen.

Den lieben Menschen, die wir allzeit schätzen,

die viel zu früh aus diesem Leben schieden,

kann ein Gedicht ein würdig' Denkmal setzen.

Sie bleiben unvergessen, ruh'n in Frieden.

Wer glaubt, durch Lyrik Reichtum zu erlangen

und denkt, zu scheffeln damit die Moneten,

dem *ist* das Kunstwerk Spitzwegs glatt entgangen:

Es zeigt den armen, frierenden Poeten.

Hat Reichtum, schnöder Mammon denn Gewicht?

Er schenkt nur kurz vermeintlich Sicherheit.

Wie wundervoll trägt jedoch ein Gedicht

Gedanken, Bilder in die Ewigkeit!

Seh' *ich* ein leeres, weißes Blatt Papier,

das fleht: "Oh bitte, lass mich nicht vergilben!",

Bin *ich* vom Mitgefühl berührt, verzier'

das Blatt mit fein gereimten Versen, Silben.

Und *dann* erblüht das Blatt, erglüht, erstrahlt,

es kann, was seines Wesens ist, nun tun:

Was wohlgereimt im Seelenraume widerhallt,

macht *auf* in's All sich - in Kubiklichtjahres-Schuh'n.

Abstrakt und bunt mit Wortes Bild gemalt

Der Poesie gelingt es federleicht,

Gefühle und Gedanken fein zu schildern.

Verdichtet, knapp wird dieses Ziel erreicht,

indem die Worte malen, wie in Bildern.

Das Augenmerk, das Wirken des Poeten

ist anspruchsvoll, ist nichts als der Versuch,

die Bilderworte in den Vers zu kneten.

Drum schenk' ich ihm ein Bilderwörterbuch:

Das Wörtchen "groß" ist hiermit obsolet.

Die Bilder Liebe, Weisheit, Hoffnung, All,

ja Seelenraum, ja Welt mag der Poet,

verwendet sie statt "Größe" überall.

Was um des Himmels Willen ist denn "klein"?

Die Menschen, das Gesetz, Moral, die Normen

benutzt der Dichter gern tagaus, tagein,

um Winzigkeiten in den Vers zu formen.

"leicht": Das Wort ist viel zu relativ.

Champagner, dünnes Sommerkleid und Luft

sind bildhaft "leicht" und damit narrativ,

versprühen feinen, dichterischen Duft.

In diesem Sinne ist auch "schwer" verpönt,

heißt "reine Wahrheit" oder "roter Wein".

Wenn *das* "In vino veritas." ertönt,

fällt dem Poeten wahre Schwere ein.

Auch "denken" ist ein solch banales Wort.

Gedankenschnipsel und Gedankenstrahlen

verführen jeden Schreiberling sofort,

abstrakt und bunt mit Wortes Bild zu malen.

"weich" sind das samtig' Kissen, der Akkord -

hinweg mit "weich", geschwind, ganz unverzagt!

Schön "hart" sind Stahlgedanken, Felsenwort -,

der Leser ist am Ende hier gefragt!

Konkrete Farben sind uns zu banal.

Die Liebesschnipselchen, die Wörterglut,

Gedankensonne, Hoffnungsstrahl: Genial!

Auch kaltes "Eiswortblau" gibt Dichtern Mut.

Der Schreiber kann so aus Metaphern schöpfen,

die Interpretation wird dadurch offen.

Und *bei* den Lesern raucht es in den Köpfen,

als hätten sie vom schweren Wein gesoffen.

Des Dichters Herz

Sobald ein Thema wurde auserkoren

und Muse hat das rote Garn gesponnen,

dann *ist* das Fundament bereits geboren:

Der Dichter hat ein neues Werk ersonnen.

Der Dichtkunst Potenzial ist nun gefragt,

so das Metaphern Formen, Verse Schmieden;

die Worte werden manches mal gewagt

gesetzt - der Dichter scheint zunächst zufrieden.

Dann wird gehobelt, dass die Späne fliegen:

Die Verse werden kunstvoll arrangiert, poliert -,

nur so darf sich das Werk im Rhythmus wiegen,

wird optional durch Reime fein verziert.

Nach vielen Stunden, Tagen, Wochen strahlt

das Werk der Kunst: Es glänzt perfekt, vollendet.

Die Kunst, der Fleiß, sie machen sich bezahlt -,

sein Herzblut hat der Dichter hier verwendet.

Erschöpft und voller Stolz denkt der Poet:

"Es *ist* vollbracht!", doch dann: "Es sieht gut aus

auf dem Papier. Was nützt's, wenn es hier steht?

Schnellstmöglich muss es in die Welt hinaus!"

Der Stolz vergeht, dem Dichter graust elendig:

"Mein Herzblut floss in Strömen in's Gedicht,

nun liegt es hier wie tot. Wer macht's lebendig?"

Enttäuschung treibt ihm Tränen ins Gesicht.

Treff' *ich* das nächste Mal auf Dichtkunsts Werke,

dann stellt sich mir der Dichter bildhaft dar:

Ich nehm' ihn wahr als Edelmann, bemerke

das Herz, die Seele, die das Werk gebar.

Lasst *uns* den Dichter rühmlich lobend preisen,

sein Prachtwerk klangvoll in das All posaunen;

es *soll* zusammen mit dem Geist dort kreisen.

So *darf* die ganze Welt das Werk bestaunen.

Und letztlich soll´s als dunkle Energie

die Information des Alls erweitern,

stabilisieren ew'ge Harmonie

und endlich dann den Schöpfer selbst erheitern.

Wort- und Gedankenspiele

Ein Ungedicht

Macht UNsinn früher oder später Sinn -

ja, soll man sich dem UNfug manchmal fügen?

Ist UNvernunft für uns sogar Gewinn,

bereitet sie nicht UNbewusst Vergnügen?

Hat *die* UNendlichkeit am Ende Grenzen,

die unser UNverstand zu spät versteht?

Folgt Heil auf UNheil nach den Turbulenzen,

wenn UNerschütterliches wird verweht?

Ist UNkraut nicht so grün wie der Salat,

gehört es nicht - der UNbill gleich - zum Leben?

Trennt Recht und UNrecht nicht ein schmaler Grat?

Ach, könnten wir die UNtat doch vergeben!

Ob wohl das "UN" den Untergang entfacht

und folglich UNglück, Not und Leid erwacht?

Es keimt in mir der UNmut, der Verdacht:

Das "UN" soll Normen schützen - *mit* Bedacht!

Ein UNmensch hat das "UNwort" aufgebracht,

das Wort, das jedes Jahr die R-UN-de macht.

Krumm oder gerade?

Der Eine steht herum, recht faul, fast kerzengrade,

der Andere, der muss sich krumm und bucklig schinden.

Der Erste lebt im Speck wie eine dicke Made,

den Zweiten trifft das Los, sich ständig zu verwinden.

Trinkt jemand allzu viel der Hopfenlimonade,

vergisst für den Moment das Maß und auch das Ziel,

dann schlängelt sich sein Weg, verläuft drum nicht gerade.

Von daher wirkt sein Gang auch etwas instabil.

Selbst bei des Königs Spiel sind Züge krumm und schief:

Kennt ihr den Rösselsprung, den Königszug Rochade?

Auch die Natur wächst stets verwoben, kreativ,

und wäre dem nicht so - es wäre jammerschade!

Der Mensch hingegen strebt nach schnurgeraden Kanten -,

das Krumme scheint suspekt, wenn nicht sogar misslungen.

Wer schiefe Formen hasst, wird bald auch zum Pedanten,

ist nicht mehr einfallsreich, kennt keine Neuerungen.

Ist *dies* des Menschen Art, sich leichthin zu belügen?

Wie selten ist uns denn die Ehrlichkeit willkommen?

Wer wollte sich bewusst der Wahrheit leidvoll fügen?

Geradheit wird zu oft - am Ende krummgenommen.

Wie FREI sind Gedanken!

Wie FREI sind Gedanken!

Sie brauchen nicht Nahrung, sie werden gedeihen,

uns reich an Erfahrung vom Hadern befreien.

Wie FREI sind Gedanken!

Sie sind oftmals flüchtig - wie Wahrheit, wie Lügen.

Ob falsch oder richtig - der Schein kann sie trügen.

Wie FREI sind Gedanken!

Sie dienen nicht Mächten, nicht guten, nicht schlechten.

Wer sollte sie ächten und WER sie verknechten?

Wie FREI sind Gedanken!

Sie müssen nicht flieh'n vor der Macht der Despoten.

Wohin sie auch zieh'n, sind sie nirgends verboten.

Wie FREI sind Gedanken!

Sie können nicht glänzen, sie dürfen wild ranken.

Sie kennen nicht Grenzen, nicht Mauern, nicht Schranken.

Wie FREI sind Gedanken!

Sie soll'n sich erquicken, Fantastisches formen,

anstatt zu ersticken in Dogmen, in Normen.

Wie FREI sind Gedanken!

Sie dürfen erklingen, wenn Zungen es wagen.

Ihr Klang kann frei schwingen, wenn Verse sie tragen.

Wie FREI sind Gedanken!

Sie dürfen laut brüllen, das Unrecht beklagen,

in Stille sich hüllen, doch niemals verzagen.

Wie FREI sind Gedanken!

Lasst sie nicht verwehen, sie müssen verbleiben.

Die Dichter verstehen, sie niederzuschreiben.

Wie FREI sind Gedanken!

Sie bleiben erhalten, sind SIE erst beschrieben,

die Welt zu gestalten - durch Denken, durch Lieben.

Wie FREI sind Gedanken!

Sie wogen wie Meere, drum lasset sie fließen,

dem Geiste zur Ehre stets wachsen und sprießen.

Wie FREI sind Gedanken!

Sie sollen entschweben gen Himmel empor,

um Freiheit zu leben, wie niemals zuvor.

Vom Dichten und Denken

Die Wahrheit ist ein Gut der hochkomplexen Sorte:

Der Denker kennt sie wohl, doch fehlen ihm die Worte.

Der Dichter liebt das Wort, die Wahrheit kennt er nicht -,

so schreibt er vor sich hin, erfüllt des Dichters Pflicht.

Das Gut, es bleibt versteckt am neblig dunkeln Orte.

Wahr? Scheinbar? Wahrscheinlich?

Im Sessel saß ich ganz entspannt, ließ die

Gedanken ohne Ziel auf Reisen gehen,

sie überlassend meiner Fantasie,

um *so* die Welt, die Dinge zu verstehen.

Erstaunlich oft verließen die Gedanken

bekanntes, gut erkundetes Gelände.

Doch *das* Gehirn wies sie in ihre Schranken,

ließ prallen sie gen unsichtbare Wände.

Ist das, was unsre Sinne uns besagen,

denn Wirklichkeit, das Wahre? Oder sind

wir *es* gewohnt, der Täuschung nachzujagen,

und unser Sein ist Schein, des Truges Kind?

Bei "Wahrheit wider Schein" dacht' ich sofort

an das Kompositum "wahrscheinlich", ein gern

und oft von uns gebrauchtes Alltagswort.

Doch nun sann ich nach diesen Wortes Kern.

Ist *die* Bedeutung, dass der Schein wär' wahr?

Meint *es*, dass all das Wahre wär' nur Schein?

Das Wort beschreibt, was nicht ist sonnenklar,

was kann auch ähnlich oder fraglich sein.

Wir können mit dem bloßen Auge nicht

die Wirklichkeit vom Schein des Trugbilds trennen.

Das Wesentliche - Liebe, Hoffnung, Licht -

kann *man* mit großem, off'nem Herz erkennen.

Authentizität

Lebst Du stets folgsam, immer angepasst,

bist ständig nur auf Lobeswort erpicht,

so zeigt sich jeder Dir geneigt, gewogen,

denn Du erfüllst exakt die Norm, die Pflicht.

Zuletzt fühlt sich Dein ICH von DIR betrogen -

und lässt Dich spüren: Nein! Ich lieb' Dich nicht!

Erkennst Du nun, was Du verloren hast?

Fehlerhafte Fehlerkultur

Wenn uns ein Missgeschick ist widerfahren,

beginnen wir die Ausflucht anzustreben.

Es gilt jetzt, den perfekten Schein zu wahren,

auf keinen Fall den Fehler zuzugeben.

Das Schuldgefühl lenkt uns in falsche Spur,

so dass wir unsern Fehltritt noch bestreiten.

Anstatt zu suchen nach der Korrektur,

begehen wir den Fehler - ja, den zweiten.

Ach, könnten wir doch Fehler akzeptieren -

ganz *ohne* Schuldgefühle zu entfachen -

und *dann* gemeinsam wieder korrigieren!

Wir dürften herzlich über Fehler lachen.

Im Blindflug durch das Nichts

Behaglich warm sind Körper, Arme, Beine;

Gedanken ziehen leise, ungehört

wie Schleierwolken von mir weg. Alleine

der Atem fließt in mir - ganz ungestört.

Entspannt und ruhig, im Jetzt und Hier geborgen,

darf ich dem sanften Puls des Herzschlags lauschen.

Mein Ziel ist, Körper, Schwerkraft und die Sorgen

für eine Weile gegen NICHTS zu tauschen.

So *darf* der Geist dem Körper frei entschweben,

die Sinne bleiben irgendwo zurück.

Wie rein, wie klar, wie wahr ist jetzt das Leben -

ist dieser Zustand sogenanntes "Glück"?

Durch NICHTS-Tun - ohne Fühlen, ohne Denken -

verspüre ich das ICH als pures Sein,

muss *nicht* Gedanken zu Bekanntem lenken,

nicht immer wieder fragen: "Trugbild? Schein"?

Zurück vom Flug durch nebelhaftes NICHTS

verspüre ich die Sanftheit, Harmonie

des Seins und auch die Macht des Gleichgewichts -

als Paar aus Frieden und aus Energie.

Ach, lehrten doch die Schulen Meditieren

als reguläres Fach des Unterrichts!

Die Schüler würden wie von selbst kapieren:

Gewalt und Kriege, sie sind gut für NICHTS.

Vom Anderssein

Spätmorgens endlich aus dem Schlaf erwacht,
da gähnte mich der Trott des Lebens an.
Schon war der Wunsch nach Änderung entfacht:
Ich wollte anders sein, als jedermann.

Doch wie ist dieses "anders" zu erreichen?
Sollt' *ich* den Körper mit Tattoos verzieren,
dazu mir Farbe in die Haare streichen,
mit Piercings meine zarte Haut ruinieren?

Das reicht noch lange nicht zum "Anderssein"!
Das ist doch jetzt in Mode, ganz normal!

Sollt' *ich* politische Extreme suchen,
mir radikale Meinung einverleiben,
die soziale Marktwirtschaft verfluchen,
mit Propaganda mir die Zeit vertreiben?

Das reicht noch lange nicht zum "Anderssein"!
Das ist doch jetzt in Mode, ganz normal!

Sollt' *ich* die Umwelt nur dazu benutzen,

um Müll und Gifte einfach zu entsorgen,

dabei das Land, die Luft, das Meer verschmutzen,

als kennte ich kein Morgen, Übermorgen?

Das reicht noch lange nicht zum "Anderssein"!

Das ist doch jetzt in Mode, ganz normal!

Sollt' *ich* Rassismus, Mobbing unterstützen,

mit Vorurteilen nur so um mich schmeißen,

nur Menschen helfen, die mir dann auch nützen,

dabei auf Empathie, Gefühle schei... -hoppla- ?

Das reicht noch lange nicht zum "Anderssein"!

Das ist doch jetzt in Mode, ganz normal!

Sollt' *ich* erkannte Wahrheit Lüge nennen,

die unbequeme Wahrheit stets verstecken,

mich dann zur Lüge voller Stolz bekennen,

durch falschen Schein die Wirklichkeit verdecken?

Das reicht noch lange nicht zum "Anderssein"!

Das ist doch jetzt in Mode, ganz normal!

Wenn *ich* im Nachhinein all die Optionen

in Ruhe und mit Abstand mir betrachte:

Sie *sind* Kontrast zu meinen Intentionen -,

warum mein Geist sie überhaupt entfachte?

Wahrscheinlich braucht kein Mensch dies "Anderssein"!

Mich selbst zu schätzen, wie ich bin - wär' ideal!

Wasserknappheit

Des Erdöls Quellen werden bald versiegen,
es *ist* bereits ein sehr begehrter Stoff -
so wichtig, dass wir uns darum bekriegen.
Dort *wo* wir es noch fördern, gibt es Zoff.

Was, *wenn* durch Klimawandel Dürren drohen,
und Wasser wird zum heiß begehrten Gut,
wenn *in* der Trockenheit die Brände lohen?
Was *wird* statt Wasser fließen - Menschenblut?

Nein, diese Verse dürfen nicht so enden -
soll Schrecken, Leid am Kugelschreiber kleben?
Nein, dabei lassen wir es nicht bewenden -
Wer könnte ohne Hoffnung weiterleben?

Lasst *uns* die allerhöchste unsrer Gaben -
das Denken - nutzen und damit erreichen,
dass *alle* Menschen reines Wasser haben -
die Armen ganz genauso wie die Reichen!

Wind und Feuer

Des Windes wehen

lischt

selbst helle kerzen

Lasst Wind

und sonnenschein

in eure herzen

Der Funke

glimmend

in der seelenschmacht

Wird feurig flammend

durch den Wind

entfacht

Einprägsame Düfte

Was wären Menschen, die nicht Sinne hätten!
Sie vegetierten blind, gefühllos taub;
geruch-, geschmacklos glichen sie Skeletten,
zerfielen sinnlos irrend schnell zu Staub.

Der Worte wären es jedoch zu viel,
hier *alle* unsre Sinne zu betrachten.
Geruchsinn sei für dieses Werk das Ziel.
Wie könnte man nur diesen Sinn missachten?

Der olfaktorischen Besinnlichkeit
gelingt es leicht, die Zeit zu überspringen.
Die Prise Duft aus uns'rer Kindheitszeit
wird *uns* das früh Erlebte nahebringen:

Wer könnte einstig' Düfte denn vergessen?
Das frische Bettzeug, durch die Sonne trocken,
den Klassenzimmer-Mief, das Lieblingsessen,
das Lagerfeuer, wo die Klampfen rocken,

die Zahnarztpraxis mit den bohrend' Schmerzen,

die frischgewasch'ne Wäsche aus dem Schrank,

den Weihnachtsbaum, den Zimt, die echten Kerzen,

den allerallerersten Glühweintrank?

So prägen sich Gerüche wohl tief ein,

und dennoch sind sie schwerlich zu beschreiben:

Banane, Kaffee - Duftbeschreibung? Nein,

hier fehlt uns schlicht das Wort - wir lassen's bleiben!

Wie allzu oft liegt Wahrheit hier im Wein:

Der Wein ist fein beschrieben, er sei wuchtig,

verlockend, neckend, reizvoll, lieblich, rein,

verspielt und erdig, blumig, harzig, fruchtig, ...

Doch auch der Mensch verströmt stets seinen Duft:

Wenn *wir* jemanden wenig schätzen, können

wir "*ihn* nicht riechen". Streit liegt in der Luft!

Die Freundschaft werden wir dem Typ nicht gönnen.

Was *ist* für uns das höchste der Aromen?

Nein, *nicht* der süße, schwere Duft der Rosen,

nein, *nicht* der frische Duft der Anemonen!

Es *ist* - der Duft des Babys beim Liebkosen!

Die Sinne verleihen Gedanken Strukturen:

'Mal Denken in Bildern, 'mal Lauschen den Tönen,

'mal Schmecken die Nahrung, 'mal Streicheln Texturen -

für *uns* nur das Beste: Aromen zu frönen.

Edles Nass

Wenn *das* Gefühl gewinnt, nicht der Verstand,

dann rollt die Träne hin wie Seelenblut,

ja, selbst Gestein zerschmilzt durch Herzensglut,

das Nass quillt glitzernd aus dem Diamant:

Die Ausgeburt von Freude, Rührung, Leid,

die wahren, klaren Tropfen Leidenschaft,

nimmt unsre Zunge wahr als Glückes Saft,

doch auch als Bitter-Salz der Traurigkeit.

Wenn *das* Gefühl der Seele kondensiert,

die Glitzer-Perle unsre Wange ziert:

Hört *ihr* der Tränen Schrei nach Mitgefühl?

Umarmung, Wärme: *Sie* sind jetzt ein Muss -

noch *mehr* begehrt ist ein ganz sanfter Kuss.

Wen ließe dieses Seelennass denn kühl!

Fein Vernetztes

Vom Spinnen

Teil 1: Du spinnst!

"Du spinnst!", fuhr mich ein Kumpel rüde an -
Der Anlass war nur eine Bagatelle.
Den Ausspruch selbst, ich fand ihn etwas stramm,

Jedoch zurückzuschlagen auf die Schnelle
War *nicht* mein Ziel, sonst hätte sie begonnen,
Die Welle ungezählter Wortduelle.

So habe ich dem Worte nachgesonnen:
Was heißt denn dieses 'spinnst' aus Sicht der Spinnen?
Sie haben oft und meisterlich gesponnen,

Um Nahrung - ihre Beute - zu gewinnen
Und *sind* Experten das Thema Netze.
Das Werk wird stets mit Sicherung beginnen,

Mit Mehrfachfäden-Strängen. Ohne Hetze
Folgt dann des Netzes feste Grundstruktur, -
Auf *dass* man gute Fundamente setze! -

Fixiert mit fester Seidenklebeschnur.
Die Fangspirale ist zu generieren,
Behutsam einzuweben - Spur um Spur

Und *wird* mit raffinierten Stolperschnüren,
Den Brückenfäden, Spannungsfäden zu
Dem Netzschutz und zum Fang der Beute führen.

So wird das geniale Netz im Nu -
Durch wunderbar vernetzte Elemente -
Gut funktionieren; reißfest ist's dazu.

Ganz beispielhaft zeigt dies, wie exzellente
Vernetzung - klug genutzt von Schaffenshänden -
Kreieren kann manch neue Komponente.

Mein Lob von Netz und Spinnen könnt' hier enden.
"Ist 'spinnen' denn ein Schimpfwort?", frag' ich jetzt,
Muss man's nicht vielmehr konstruktiv verwenden?

Ja, *Große* Spinner, die sind sehr geschätzt!
Sie *sind* im wahrsten Sinne gut vernetzt.

Teil 2: Was ist ein GROßER Spinner?

Was *ist* ein *Kleiner*, was ein *Großer* Spinner?
Die Antwort dieser Frage ist nicht leicht,
Der Unterschied, er ist ein reichlich dünner,

Versteckter Grat; die Antwort wird erreicht
Durch beispielhafte Schilderung des *Kleinen*
Der Spinner. Ihn erkennt man federleicht

Als bunten Vogel der Gesellschaft, einen
Vertreter schräger Typen. Er stolziert
bewusst umher. Sein Hirn, so könnt' man meinen,

Ist *ganz* aus bunter Knete generiert.
Doch *nun* zum *Großen* Spinner, dessen Sein
Seit jeher ungeheuer fasziniert.

Ein feiner, unscheinbarer, stiller - nein,
Ein leiser - Typ war er schon immer, doch
Beherrscht er es, die Dinge, Wesen fein

Und vielfach zu vernetzen. *Er* kennt *nur* noch
Das unbeirrte Streben nach dem Neuen.
Und türmten sich die Hürden noch so hoch:

Er *würde* sich sogar darüber freuen,
Erklämme sie in Spiderman-Manier.
Die Hindernisse wird er niemals scheuen.

Ja, ohne ihn wär' manches Neue schier
Nicht da und scheiterte an Machbarkeit.
Würd' *er* uns fehlen, vegetierten wir

Wie Menschen in der längst vergang'nen Zeit
Mit Speeren - isoliert in Steinzeit-Haft -,
Und längst besiegte Seuchen brächten Leid.

Und *doch*: Was steckt denn hinter dieser Kraft
Der Tat, Ideen und Vernetzung? Jetzt
Beschreiben wir - und zwar gewissenhaft -

Des *Spinners* Gabe: Er ist gut benetzt!
Ja, *sein* Geheimnis: Die Gehirnstrukturen,
Sie *sind* von einem Faden fein durchsetzt.

Durch viele Knoten bildet *er* Figuren -
Auf dreidimensionale Art verwoben -,
Worauf Impulse wie die Kufen-Spuren

Im Eise flitzen. Die Fäden sind auch oben
An *der* Gehirnhaut recht gehäuft zu finden,
Wo Geistesblitze und Ideen toben.

Gemäß ganz neuer Studien verbinden
Die Fäden dieses Netzes *auch* noch *in*
Der Kopfhaut zehn Antennen, die sich winden.

Somit entstehen Spulen, die den Sinn
Durch *ein* Magnetfeld so fein modulieren,
Dass *wir* die Umweltreize schnell bis hin

Zu Lichtgeschwindigkeiten akquirieren
Und prozessieren können. *Das* Geflecht
Aus Wunderfäden scheint zu funktionieren,

Weil dieser Faden dieses Netzes recht
Beachtliche Reizleitungsfähigkeit
Besitzt, so dass Impulse ungeschwächt,

Blitzschnell und parallel zu jeder Zeit
Zu relevanten Orten transportiert
Und *dort* empfangbar sind. Besonderheit

Des Fadens ist: Der Körper produziert

Ihn *zwar*, doch wo, an welchem Ort, dies scheint

Noch *nicht so klar*. Doch ward' bereits doziert:

Aus spinnengleichen, kleinsten Drüsen keimt

Der Stoff und *ist* - wie Spinnengarn - elastisch.

Das ganze Wissen ist nun hier vereint:

Der *Große* Spinner - er ist schier fantastisch!

Was *bleibt*, ist *Spinnen* selbst - und zwar recht drastisch!

Teil 3: Vom WAHRHAFT GROßEN Spinnen

Vorab als Warnung: Die Terzinen hier
Sind *für* die Zeit der Ewigkeit geschrieben.
Sie bringen reine Wahrheit zu Papier,
Vermögen leicht, ein Weltbild auszusieben.
Sie werden mit dem Untergang der Welten
Von selbst zu Staub und Asche dann zerstieben.

Vorangegang'ne Netze sollten gelten
Nur *für* des Spinners kleines Eigenleben.
Naturgemäß ist's jedoch gar nicht selten,

Dass smarte Konstruktionen danach streben,
Sich ständig weiter zu entwickeln, sich
Auf höchste Meta-Ebene zu heben.

So *ist* das ganze Universum - sprich,
Die Galaxien, Sternenwolken, Sonnen,
Planeten, Monde, Wesen - säuberlich

Im kolossalen Fadennetz versponnen
Und *in* der Welten Geist gebettet, der -
In seiner Weisheit immer sanft gesonnen -

Die Fäden des Gespinstes steuert. Wer -
Wenn nicht der Geist - kann *uns* zu jeder Zeit
Durch *das* Gewirr der Fäden führen, sehr

Komplexe Knoten überblicken? Seit
Entstehung unsrer Welt und uns'res Seins
Erleben wir hier die Geborgenheit -

Sanft pendelnd an den Seidenfäden, eins
Mit diesem höchsten Geist, der uns im Licht
Der Liebe und aufgrund des Hoffnungsscheins

Am Leben hält. Die Fäden, sie sind nicht
Zu detektieren, *sind* fantastisch fein.
Ihr Querschnitt *ist* kaum ahnbar und entspricht

Der Planck'schen Länge [1], ist bereits so klein,
Dass dieser mit gewöhnlichen Methoden
Nicht messbar ist. So fristen wir das Sein

Gleich Marionetten auf ganz dünnem Boden,
An Schnüren stets vom Geist geführt, und doch
Verstehen *wir* des Lebens Episoden

Als Maß der Dinge. Fraglich ist nun noch,
Woraus und wie der Mensch erschaffen ist.
Die dunkle Energie, das schwarze Loch -

Ist *das* vereinbar mit dem Netz? Doch liest
Man *mehr* [2], so scheint wohl *der* Verdacht zu stimmen!
In jene Theorie der Strings, dort fließt

Das Fadenteilchen *ein*, bringt *uns* zum Sinnen:
Das Netz umschließt nicht *nur* den Kosmos draußen -
Es steckt im Allerkleinsten *in* uns drinnen.

So langsam will mir nun tatsächlich grausen,
Denn *der* Gedanke reift in mir heran:
Es existiert kein "Innen" und kein "Außen",

Es *war* und *bleibt* das Netz, von Anfang an!
Doch *wir*, die feingestrickten Netzeswesen,
Wir glauben immer noch ganz fest daran,

Als Schöpfungskrone ganz und gar erlesen
Zu sein! Vielleicht sind wir aus edlem Zwirn,
Recht *fein* geknüpft - doch das wär's dann gewesen.

Und aktiviere ich nun mein Gehirn
Und *lass* Gedanken und Impulsen jetzt
Die Freiheit, durch das weite Netz zu schwirr'n,

So fühle ich mich reichlich gut benetzt,
Durch Welten-Geistes Fäden wohl geborgen
Und nicht beunruhigt, auch *nicht* entsetzt.

Freut *euch* mit *mir* auf's wohlvernetzte Morgen -
Durch Maschen sollen flutschen all die Sorgen!

Der Menschheit *ist* ein großes Werk gelungen:
Das Internet aus Kupfer, Glas und Wellen
Hat erstmals Grenzen *wie* von selbst bezwungen.

Es lädt uns ein, mit unser'n grauen Zellen
In diesen Netzen Nutzen zu entdecken,
So *dass* wir liebevoll das Sein erhellen.

Wann immer Menschen Synergie erwecken,
Gilt *es*, der Liebe Knospe zu entfalten,
Ansonsten bleibt das Unterfangen stecken.

Ein jeder Mensch hat Denkensmacht erhalten,
Ist hiermit *das* prädestinierte Sein,
Mit Geisteskraft die Zukunft zu gestalten.

DER stärkste Geist erreicht DAS nicht allein.
Das Netz vervielfacht *der* Gedanken Macht,
Bringt DIE Veränderung ins Sein hinein:

Gemeinsam, doch behutsam wird gedacht -
Das Wohl des Daseins stetig hinterfragend.
Aus schwacher Quelle wird des Stromes Pracht,

Ein Schiff aus Glaube, Liebe, Hoffnung tragend
bis *hin* zum Meer des Wohlstands auf der Erde:
Vernetzter Weltengeist wirkt überragend!

Er führt uns *wie* die Lämmchen in der Herde;
Auf *dass* der Geist im Netz ein Quell von Wohlstand werde!

[1] Wikipedia: "Planck-Skala", https://de.wikipe
   dia.org/wiki/Planck-Skala , Zugriff am 08.01.2019
[2] Wikipedia: "Stringtheorie", https://de.wikipe
   dia.org/wiki/Stringtheorie , Zugriff am 08.01.2019

Die Datenkrake - oder: Die Meinungsänderung

Per Smart-TV mit Internet verbunden
wird jeder ungewollt zur Datenquelle:
Intimste Daten schickt das Netz als Welle -,
die Datenkrake hat sie in Sekunden.
Die Datenkrake ist mir so egal,
denn all mein Werken, Denken ist legal.

Die Mikrophone, Kameras sind gut versteckt,
sind niemals ausgeschaltet, laufen immer,
selbst im Standby, auch nachts im dunklen Zimmer,
schau, wie die Krake sich die Finger leckt!
Die Datenkrake ist mir nachts egal,
denn selbst im Dunkeln munkeln ist legal.

Wer hätte denn vor Jahren schon gedacht,
dass jeder, so er denn ein Smartphone hält,
sogleich vernetzt ist mit der ganzen Welt -
und dass die Datenkrake hämisch lacht!
Der Krake Grinsen ist mir doch egal,
denn all mein Twittern, Posten ist genial.

Worin besteht das Datenschutzproblem?
Die Werbung weiß genau, was ich begehre
und zielt nicht voller Willkür in die Leere.
Der Datenkrake Vorschlag scheint bequem!
Die Tipps der Datenkrake sind banal,
denn Werbebanner stör'n nur minimal.

Na gut, ich werd' mit Emails überschwemmt,
mein Postfach zeigt mir Werbung und ist voll.
Der Schrott ist rasch gelöscht - kein Grund zum Groll.
Die Datenkrake liefert ungehemmt.
Die Datenkrake ist mir noch egal,
doch etwas lästig wird sie allemal.

Es sind bald Wahlen, ich bin unentschieden,
will *mich* im Internet schnell informieren:
Das Netz will mir Extreme suggerieren.
Ist *das* der Krake Werk? Lass mich in Frieden!
Die Datenkrake ist mir nicht egal,
ist was sie tut nicht schlichtweg illegal?

Von *nun* an kenne ich der Daten Wert,

will nicht erscheinen wie ein Mensch aus Glas,

bei Datenschutz versteh' ich keinen Spaß.

Natürlich sind die Daten heiß begehrt!

Mitnichten ist die Krake mir egal,

das Monster, das mir meine Daten stahl!

Antikes, Vergängliches und Unvergängliches

Griechische Göttersagen: Pandora

Die Hoffnung am Grunde

Auf dem Olymp, dort sann Gottvater Zeus

voll Wut auf Rache für den Raub der Flammen.

Der Dieb begehrten Feuers war Prometheus -

ihn wollte Zeus mit seinem Fluch verdammen.

Hephaistos folgte als der Götter Schmied

dem Wunsch des Herrschergottes sehr genau:

So formte er bedächtig Glied um Glied

Pandoras, dieser wunderschönen Frau.

Dann sandte Zeus Pandora auf die Erde -

zusammen *mit* der sagenhaften Büchse -,

auf *dass* sie Frau des Epimetheus' werde

und *so* der Menschheit großes Leid erwüchse.

Die Büchse nämlich hielt all' Übel, Leid

und Mühen, Laster, Krankheiten und Tod

zum Strafen alles menschlich' Seins bereit.

Ganz unten lag die Hoffnung - wie als Kleinod.

Zeus riet, den Deckel keinesfalls zu heben,

doch kannte er der Menschen Neugier gut.

So sollte es sich allzu rasch begeben:

Pandora hob den Deckel kurz im Übermut.

Auch wenn sie ihn dann eiligst wieder schloss:

Es *war* zu spät. Die Flut des Übels *und*

des Leids war seitdem freigesetzt und floss

umher. Die Hoffnung klebt am Büchsengrund.

Griechische Göttersagen: Die Gottheit der Zeit

Teil 1: Übersicht

Schon die Antike der Griechen schenkte der Zeit hohe Achtung:
Eigene Götter der Zeit existierten und wurden gepriesen. So
gab es sogar eine doppelte Gottheit für zeitliche Themen:

Chronos, der Sohn von Uranus - Gottheit des Himmels - und
Gaia -
Göttin der Erde -, vertrat den sehr herben Aspekt des Verwelkens.

Jüngster der Söhne des Zeus, Kairos, war der Gott des
Momentes.

Teil 2: Chronos - der Gott der Zeitdauer

Chronos, der Gott der vergänglichen Zeit, liegt uns namentlich
nahe durch
Worte wie Chronologie, die Lehre der Zeit, oder chronische,
langsam verlaufende, nicht mehr behebbare Formen von Leiden.

Bilder von Chronos, sie zeigen die Sichel symbolisch für Ende; so
war auch der Gott für Versklavung und Qualen durch Zeiten
bekannt und
wurde als harte, als grausam bestrafende Gottheit betrachtet.

In der Antike war Chronos die Zeit vom Erblühen bis Welken,

wurde jedoch auch als Spanne des Lebens der Menschen beschrieben -

ähnlich, wie wir unsre heutige Zeit oft betrachten und deuten.

Selbst die Entstehung der Welten war zeitlich bemessen und stetig.

Aber schon unseren uralten Ahnen war klar, dass die eigene

Zeit dazu diente, das Leben bewusst und nach Kräften zu nutzen:

Wer dazu neigt, sich nur treiben zu lassen und keine Entscheidungen

trifft, wird erst chronisch erschöpft, überfordert - und wird letztlich scheitern.

Teil 3: Kairos - der Gott des Zeitpunkts

Zeus jüngster Sprössling Kairos ist der zweite der Götter der Zeit, der

nicht für die Dauer der Zeit, sondern für einen guten Moment, einen

passenden Augenblick steht. Kairos ist als Gott der Gelegenheit

sehr schwer zu greifen: Nur kurz ist er sichtbar, dann blitzschnell enteilend.

Bilder, sie zeigen Kairos oft mit Flügelchen an seinen Füßen.

So wie der passende Zeitpunkt, den niemand je finden wird können, da er sich kontinuierlich verändert, enteilt uns Kairos stets.

In seiner Hand trägt Kairos eine Waage, wiegend auf scharfem
Messer des Baders, als Ausdruck der wack'ligen, brenzligen
Lage.
Sprichwörtlich wiegt so die Waage "auf Messers Schneide", wie
WIR es
gerne bezeichnen, wenn Umstände unsicher, heikel erscheinen.

Bild des Kairos zeigt uns stets den nach vorne gewundenen
Haarschopf,
während der haarlose, kahle Schädel am hinteren Kopf glänzt.
Dieses Symbol soll besagen, man wird den Kairos nur von vorne
zu
fassen bekommen, wenn man ihn frühzeitig, rechtzeitig sehen
kann und auch für ihn bereit ist. Ist er jedoch schon beim Gehen,
greifen die Hände ins Leere und weg ist der Gott des Momentes.

Treffen wir heute die schnelle Entscheidung, zu handeln, dann
packen
wir die Gelegenheit sprichwörtlich bei ihrem Schopf und
vollstrecken
blitzschnell die Tat zum vermeintlich geeignetsten Zeitpunkt des
Handelns.

Zeit findet nun durch Kairos plötzlich Tiefe als ganz neue
Richtung:

Risiko, Mut zur Vollstreckung sind wichtig zum Greifen des Schopfes.

So steht Kairos auch für ethisches Handeln, für freudige Taten zum
richtigen Zeitpunkt, worin auch der Schlüssel zum ewigen Glück zu
liegen scheint: Erfahrung ist wichtig zur guten Entscheidung.

Ja, selbst die biblischen Texte, sie kennen Kairos als die Zeit, in

der wir bereit sind, das göttliche Wort zu verstehen und wirken zu

lassen. All Einerlei unsres Alltags wird somit durchbrochen,

und der Moment, der besondere Augenblick, steht vor der Türe.

Ansichtskarte aus Korfu

Wenn uns der mühsame Trott grauen Alltags beginnt zu verschlingen,

Dann ist die Muße ein Muss: Neue Umgebung tut gut.

Südliches, lockeres Leben begünstigt das Abschalten bestens;

Schon im vergangenen Jahr wurde die Reise gebucht.

Korfu, die grünste der griechischen Inseln, war Ziel uns'res Urlaubs.

Dies war mein erster Besuch dieses bekannten Juwels.

Uns war bewusst, dass die Ionische See jetzt im Mai noch recht kühl ist:

So war die Priorität diesmal nicht Baden im Meer.

Unsere Flugroute führte entlang an der Küste des Balkans:

Lediglich zwei Stunden Flug - schon war die Insel in Sicht.

Kurz vor der Landung, welch prächtige Bilder - die waldreichen Buchten

Korfus umrahmt von Türkis! Vorfreude machte sich breit.

Bis wir letztendlich zur Unterkunft kamen, verstrichen die Stunden.

Während der Fahrt zum Hotel brach schon die Dämmerung ein.

Noch nicht gewohnte Umgebung empfing uns am folgenden Morgen:

Hinter dem glitzernden Meer ragten Gebirge empor.

Wild und recht schroff, fast bedrohlich, so grüßte die Küste des Balkans

Über das Ionische Meer, jenseits des Strands des Hotels.

Fangfrischer Fisch und der griechische Frohsinn versüßten den Urlaub,

Waren erholsame Rast nach all der emsigen Zeit.

Leider erwartete Korfu uns anfangs mit Wolken und Nieseln.

Zeus folgte nicht uns'rem Plan. Sonnen war vorerst tabu,

Doch das Achilleion, Kaiserin Sisis Palast, war bezaubernd.

Diese Idee meiner Frau war ob des Wetters genial.

Immer auf's Neue beeindruckten mich die harmonischen Farben:

Satt war das üppige Grün, oftmals vor glitzerndem Meer.

Sehr milder Winter mit Regen begünstigt die wuchernde Flora,

Die jetzt im Mai explodiert, Düfte von Blüten versprüht.

Feigen, Orangen, Zitronen gedeihen genau wie Oliven:

Alles wächst fruchtig heran, wird von der Sonne gereift.

Scheinbar sind all die Gewächse viel größer, als heimische Pflanzen:

Wachstum macht hier niemals halt; pausenlos grünt die Natur.

Nunmehr bei strahlender Sonne besuchten wir Kerkyra, Korfus

Hauptstadt mit magischem Flair - quirlig nach griechischer Art.

Quietschbunte Häuser und Läden mit Kräutern, mit Mode, sie stehen

Neben bequemen Cafes, manchmal durch Gässchen geteilt.

Venezianisch, französisch mit englisch gemischt ist der Baustil -

Überaus interessant, wenn auch durch Kriege bewirkt.

Leider verleiten die vielen Geschäfte auch immer zum Shopping.

Dies ist für Frauen perfekt, fällt aber Männern zur Last.

Letztere ziehen es vor, im Kafenion Spielen zu fröhnen.

Dort diskutieren sie stets Gott und die Welt beim Kaffee.

Mehrmals noch sollten wir dieses charmante Städtchen besuchen.

Ähnelnd magnetischer Kraft, zog es uns andauernd an.

Eindrucksvoll war auch der Hafen von Kerkyra, namens Marina.

Boote und Yachten in Weiß schaukelten lässig im Blau.

Wie die Antennen, so ragten die Masten der Boote gen Himmel,

Doch das gekräuselte Meer spiegelte Linien gezackt.

Hafentavernen servierten gebratenen Fischfang des Tages:

Vorhin noch zappelnd im Netz, jetzt appetitlich kredenzt.

Bei einer Bootsfahrt am Abend erglühten vereinzelte Inseln

Mystisch im flammenden Meer - welche Magie der Natur!

Wenige Meilen von Korfu entfernt liegt die Küste Albaniens.

Unsere Bootsfahrt dorthin wurde im Voraus gebucht,

Um die Ruinen Butrints und das Städtchen Saranda zu sehen.

Einer der Bände Karl Mays handelte hier in dem Land.

Prächtiges Wetter begleitete unseren Trip nach Albanien.

Auf einem schrottreifen Kahn wurde das Festland erreicht.

Nach einer Busfahrt zur Stadt der Ruinen inmitten des Waldes

Ragten die Mauern Butrints eindrucksvoll über das Grün.

Hier wurden wir circa neunzig Minuten geführt und bestaunten

Architektonische Kunst, Zeugnis antiker Kultur.

Nachmittags bot uns Saranda, die Stadt ganz im Süden Albaniens,

Ruhend am tiefblauen Meer, einen bezaubernden Blick.

Viele Cafes hier am Strandboulevard luden ein zum Verweilen.

Wir überlegten nicht lang, kamen der Einladung nach.

Demokratie existiert hier erst seit den neunziger Jahren;

Schon warten Luxushotels auf den touristischen Strom.

Parga empfing uns am Sonntag beim Ausflug zum griechischen Festland:

Häuser, geschützt in der Bucht, strahlten in buntem Pastell.

Speisen, Getränke am Hafen, sie kräftigten Körper und Sinne.

Dann ging es weiter auf See: Nunmehr war Paxos das Ziel.

Paxos, die Insel im Süden von Korfu, lag unweit von Parga.

Sie zu besuchen war Pflicht, aber kein echter Genuss.

Müde, erschöpft, überflutet von all diesen Impressionen

Kehrten wir gerne zurück in das bequeme Hotel.

Abschließend durften wir auch noch den Norden von Korfu erkunden.

Zeus spielte morgens verrückt, dachte, es wäre April.

Aber im Laufe des Tages besiegte die Sonne die Wolken,

Schenkte uns Wärme und Licht, wie sich's für Juni gehört.

Schnaufend und brummend hinauf fuhr der Bus, Serpentinen erklimmend.

Hoch auf den Klippen befand sich ein beachtliches Ziel,

Nämlich das Kloster Palaiokastritsas mit alten Ikonen.

Religion und Kultur sah man hier sinnlich vereint.

Zusätzlich konnten wir hier eine prachtvolle Aussicht genießen:

Weiß ragte Felsengestein aus dem saphirblauen Meer.

Fingergleich streckten sich bergige Rücken in Richtung des Meeres,

Jeweils mit kiesiger Bucht, aquamarinblau gefärbt.

Landschaftsmotive verleiteten ständig zum Fotografieren;

Blühende Vegetation setzte den i-Punkt auf's Bild.

Zwei Stunden später gab's würzigen Seeaal am Strand von Apraos.

Ouzo und Hopfengetränk perfektionierten das Mahl.

Übrigens liegen im Norden die schönsten der Strände der Insel.

Grotten erreicht man per Boot; Zugang von Land gibt es nicht.

Schließlich gelang es mir endlich, die Blume der Lyrik zu finden;

Blühendes, strahlendes Blau schreibt jeden Vers wie von selbst.

Tage des Urlaubs, sie scheinen noch schneller als sonst zu vergehen.

Ist nicht erholsame Zeit Balsam für Körper und Geist?

PS: Die riesige, prächtige blaue Blume war eine blühende Artischocke.

Es war einmal ...

Es *war* zu meiner schönen Kindheitszeit:
Die Fenster waren *nicht* gut isoliert,
nachts machte sich im Raum die Kälte breit.

Beim Aufsteh'n klagten Menschen: "Ach, mich friert!",
nach nächtlich tiefen Minus-Temp'raturen.
Frühmorgens war'n die Scheiben reich verziert

mit prächtigen bizarren Eisstrukturen
aus Blumen, Blüten, Büschen, hohem Gras.
Die Impression natürlicher Figuren

mit filigraner Kunst gemalt auf Glas,
die konnte Sinne *so* stark inspirieren,
dass *man* das Frieren *wie* von selbst vergaß.

Bald musste sich die Kunst im Nass verlieren,
denn Ofenhitze war für sie verfänglich.
Die Wärme durfte neunmalklug dozieren:

Die Zeit entlarvt das Schöne als vergänglich.

Zwischen den Jahren - oder besser: Zwischen den Zeiten

Ins Oberteil der Sanduhr abgefüllt,

gezwängt in dichtes Zukunftstraum-Gedränge,

war *ich*, wie die Kollegen auch, gewillt,

zu rasen durch die gegenwärtig' Enge.

Es *war* mein Ziel, in der Vergangenheit zu landen

und endlich dort genüsslich, ruhig, sanft zu stranden.

Ich *war* nervös - war kurz vor meiner Reise -,

da, plötzlich ward die Sanduhr umgedreht.

Mich wirbelt' es herum im halben Kreise -

wie Zukunfts-Staub von wilder Bö verweht.

So *bin* ich mir nichts dir nichts, einfach *so*, vergangen.

Die Gegenwart ist kurz, doch lang ist *das* Verlangen.

Emotion als Feind der Zeit

Wie unerbittlich tickt die Zeit dahin,

beständig folgend einer Dimension.

Sie kennt nicht Raum, nicht Ziel, nicht Anbeginn,

ist dennoch mehr als bloße Illusion.

Seit jeher *ist* es Ziel der Wissenschaft,

die Zeit mit feinster Skala zu verzieren -

und zwar präzise und gewissenhaft -,

um *sie* mit einer Einheit zu normieren.

Benutzten uns're Ahnen Sonnenuhren,

um Zeitpunkt und Verlauf der Zeit zu schätzen,

so lassen sich moderne Kreaturen

von HighTech-Chronometern hetzen.

Die Uhr ist heute allerorts zu sehen,

als wäre Zeit ein göttliches Geschenk.

Obwohl sie *nichts* kann, außer zu vergehen,

hängt Zeit - der Schelle gleich - am Handgelenk.

Doch tickt die Zeit denn wirklich wie die Uhr,

verläuft konstant auf schnurgeradem Strahl?

Das wäre einfach, leicht erklärbar, nur -,

warum wird Zeit dann manches Mal zur Qual?

Gefühl, Gedanken und die Fantasie,

sie bremsen *und* beschleunigen die Zeit.

Die Zeit, sie schrumpft und dehnt sich wie

ein Gummiband - wird eng dann wieder weit.

Dazu noch ändert *sie* abrupt die Richtung,

schnippt *kurz* zurück in *die* Vergangenheit,

verleiht danach der Zukunft mehr Gewichtung.

Nebst Richtung wankt die Skala uns'rer Zeit:

Welch Intervall kann *den* Moment beschreiben?

Ganz ähnlich *wie* der kurze Augenblick

lässt *er* sich *nicht* in Skalen-Scheibchen schneiden.

Und *selbst* die Zeit verstummt: Kein "tack", kein "tick"!

Die Zeit tickt stetig, unerbittlich, kalt,

solange *wir* uns *von* ihr fesseln lassen.

Doch macht sie *vor* Gefühlen plötzlich halt.

Wie muss die Zeit die Emotionen hassen!

Versklavte Zukunft ?

Vergangene Stunden an sich sind nicht mehr von Wert:

Verweht nicht die Zeit wie das Sandkorn im Sturm und ist flüchtig ?

Das Nachtrauern früher verschwendeter Zeit ist verkehrt.

Verrinnen die jetzigen Stunden, als seien sie nichtig,

Vergehen will laufend die Zeit ins große Vergessen,

Und *auch* die verbleibende Frist erscheint uns recht wichtig.

Die Länge der Frist kann kein Mensch jemals vermessen -

Prophetische Weisheit nicht, Klugheit nicht, auch kein Genie.

Die Frist ist nicht messbar in Einheit der Zeit - und stattdessen

Wird Zukunft zu Demut, zur Sklavin der Fantasie.

Doch diese, - ja, *sie* ist's, die mehrt, die reich uns beschert -

Lässt Altes & Neues verschmelzen in Harmonie.

So *sind* dann vergangene Stunden erneut von Wert,

Verwehe die Zeit sie getrost wie das Sandkorn im Sturm:

Das Nachtrauern früher verschwendeter Zeit ist verkehrt.

Wir brennen draus Ziegel und bau'n einen babylonischen Turm

Des stetig wachsenden Wissens – hellsichtig, richtig, gewichtig.

Und fresse schmarotzend auch Zeit und Vergessen d'ran *gleich*
einem Wurm:

Erfahren, erfühlen, erspüren – darinnen erkenn´ meine Pflicht ich!

Die weißen Seiten des Tagebuchs

Na, *war* Dein Leben toll, war's heiß, war's wild, war's bunt?

Dann *wird* Dein Tagebuch voll weißer Seiten bleiben,

denn *wer* schon täte gern Geheimes schriftlich kund?

Genießer schwelgen still - beherrschen lautes Schweigen.

Genau wie's heute *ist*, so *war's* zu allen Zeiten:

Die Tugend wird gemalt, der Fehltritt jedoch nie.

Genießer schwelgen still auf blütenweißen Seiten.

Ein buntes Blatt, es zeugt nur *von* Melancholie.

Wehender Wandel

Wer wollte *nicht* nach Gleichklang streben,

sich *an* der Harmonie der Sinne weiden,

im Zweifel sanftem Weg den Vorzug geben,

die steinig rauen Strecken lieber meiden?

Wir lieben *das* Gesetz der großen Zahlen:

Die Sonderfälle werden ausradiert,

Modelle *der* Statistik *mit* banalen

Verallgemeinerungen konstruiert.

Schablonenhaft sind *wir* darauf erpicht,

selbst *die* Dynamik *fein* zu modellieren.

Naturgemäß gelingt dies jedoch nicht:

Komplexer Wandel lässt sich *nicht* normieren.

Die Sonderfälle - Nebengassen - lenken

Gedanken gern auf abgeleg'ne Pfade

und fahren so dem eingefahr'nen Denken

energisch und rasant in *die* Parade.

Auch *die* Entfaltung liebt die Sonderfälle:

Wenn Gene werden fehlerhaft kopiert,

sind Mutationen oft des Neuen Quelle -

durch *die* der Mensch wurd' letztlich selektiert.

Normierungen, Modelle sind nicht schlecht;

sie helfen, Absehbares zu verstehen.

Dem Wandel wird Statistik nicht gerecht;

er kommt, er geht - wie Windes Böen wehen.